AF310876

J 25520

DISSERTATION

SUR

LE JANUS

DES ANCIENS,

ET

Sur quelques Medailles qui y ont rapport.

A PARIS,

Chez **PIERRE COT**, ruë S. Jacques, à l'entrée de la ruë du Foin, à la Minerve.

M. DCC. V.

AVEC PERMISSION.

A MONSEIGNEUR,

FOUCAULT

MARQUIS DE MAGNY,

Conseiller d'Etat, Intendant de basse-Normandie, & Honoraire de l'Academie Roïale des Inscriptions & Medailles.

MONSEIGNEUR,

Je vous raporte les premiers fruits d'une étude que vous m'avés inspirée, & dont je vous dois par consequent le progrez. Les

Medailles antiques me paroissoient tout au plus l'objet d'un noble amusement, lors que je vis le riche Cabinet que vous en avez formé. A l'aspect de ces tresors mon ame fut émuë ; voir examiner, admirer furent pour moy des occupations succes-sives, & celles dont je me souviens le plus agreablement : Je sentis une ardeur que je n'avois jamais éprouvée, & que je ne puis mieux comparer qu'à la fureur poëtique, puisque j'exprimay sur le champ mon ad-miration dans ces vers.

-Insignes quoscumque tulit per sacula tellus,
Una redivivos hac tenet arca viros,

Vous seul, MONSEIGNEUR, pou-viez ajoûter quelque chose aux impres-sions que je venois de recevoir. Que n'y ajoûtates-vous point en effet dans les en-tretiens dont vous m'honorâtes chez un illustre Prelat, * & ensuite dans ce lieu charmant où vous rassembliez les Nayades * avec autant de succez que les Mu-ses ? que n'y ajoûtez-vous pas encore par vos precieuses & obligeantes Lettres ?

Je crois les remarques suivantes sur le Janus des Anciens, necessaires pour facili-ter l'explication d'une infinité de Medail-les où on le voit representé avec des dif-ferences essentielles. Cette matiere triviale en apparence, n'a presque pas été ébau-

* Monseigneur l'Evêq. de Baycux. * Le Canal de Magny.

chée par les Antiquaires, & je me trouve ainsi dans un champ libre pour la traiter. Heureux ! si vôtre approbation assure la destinée de mon ouvrage.

Les Anciens nous débitent tant de fables sur l'origine de leur Janus que l'on ne sçait presque ce que l'on en doit croire. Berose & Caton veulent qu'il soit fils du Ciel & d'Hécate ; Denis d'Halicarnasse, & Aurele Victor en parlent differemment ; ce dernier en fait ainsi l'Histoire ou le Roman.

Ericthée Roy d'Athénes avoit une fille parfaitement belle nommée Creuse ; Apollon épris de ses charmes, la rendit sensible, & Janus fut le fruit de leur tendresse. L'avanture n'éclata point, & pour la rendre encore plus secrete on envoya le petit Janus à Delphes où il fut élevé. Cependant Ericthée maria sa fille à Xiphée qui n'en pouvant avoir des enfans alla justement à Delphes consulter l'Oracle d'Apollon pour choisir par son ordre un successeur que la nature lui refusoit. Le Dieu ne manqua pas de lui ordonner d'adopter le premier enfant qu'il rencontreroit le lendemain, & de faire trouver Janus sur ses pas : Xiphée l'adopta, & le cherit veritablement comme un present qu'il avoit reçû des Dieux.

C'est-là ce que les Auteurs nous disent de plus positif sur l'origine de Janus, quoiqu'Aurele Victor ne veüille pas lui-même

la garantir ; mais cette incertitude importe
peu à ceux qui se sont rendus aussi illustres
par la grandeur de leurs actions : on peut
alors choisir à son gré parmi les Dieux, ou
les Heros, les auteurs de sa naissance.

En vain un lâche esprit voudroit vous démentir,
Et si vous n'en sortés, vous en devés sortir.
                    Despr. Sat. v.

A cela prés les Historiens conviennent
que Janus étoit Grec, & qu'impatient de
signaler sa valeur, il se mit à la tête d'une
jeunesse vagabonde, passa la mer, & vint
aborder en Italie, dont il dompta les peuples barbares, & fut le premier Roy des
Latins, ou plutôt des Aborigénes dont les
Latins sont sortis. Il eut soin d'affermir par
la sagesse de ses loix une authorité qu'il ne
s'étoit acquise que par la force des armes.
Il policea les mœurs sauvages des anciens
habitans, & pour leur inspirer un esprit
de societé, il les obligea de bâtir une Ville
sur le mont qui retient encore aujour-
d'huy le nom de Janicule. Il en traça lui-
même le *Pomerium*, c'est-à-dire, l'enceinte
avec beaucoup de circonspection & de ceremonies, afin que ce fut un lieu sacré &
inviolable ; & Plutarque nous apprend que
Romulus prêt de bâtir la Ville de Rome
fit venir des Toscans qui avoient soigneuse-
ment conservé la tradition de tous ces my-
steres, pour les observer en jettant les

premiers fondemens de son Empire. Janus
fit élever dans sa nouvelle Ville des Temples & des Autels pour les Dieux ; il in-
stitua des Sacrifices en leur honneur, dont
il prescrivit la forme , & ce fut, dit-on , *Fab. Pic-*
pour ce seul usage qu'il enseigna à ses peu- *tor lib. 1.*
ples celui du pain & du vin ; il perfec- *De aureo*
tionna enfin tous ces établissemens par la *seculo.*
sage précaution qu'il prit d'empêcher la
profanation des Temples, & de faire trouver à chaque particulier un azile assûré dans
sa maison par le moyen des portes , des
serrures, & des clefs, dont on lui attribuë
la premiere invention ; ainsi les portes que
les Latins appellent *Janua*, & les Portiers *Macrob.*
Janitores ont visiblement tiré leur nom de *Saturnal*
Janus qui étoit le Dieu tutelaire des uns & *aureo se-*
des autres : C'est par cette raison qu'on le *culo.*
represente quelquefois ayant un bâton &
une clef à la main ; De-là vient aussi le nom
de *Custos* que les Poëtes lui ont donné, *Nec custos* *Lib. 7.*
absistit limine Janus, dit Virgile , & ce n'est
pas une épithete qu'il mette au hazard ,
puisque les inscriptions antiques le nomment de même, comme on le voit par celle-
cy tirée du recüeil de Gruter.
     CVS. IANO. SAC *Fol. xcv 1.*
     L. OCTAVIVS
     C. F. CRASSVS
     L. C. OCTAVI L. F
    MARTIALIS. ET
      MACER.

A iij

*Primus
ab æthe-
reo venit
Saturnus
Olympo,
Arma Io-
vis fu-
giens &
regnis
exul a-
demptis
Virg.
Æneid. I.
8.*

Saturne chaffé de l'Arcadie par fon fils Jupiter, vint fe refugier auprés du Roy Janus, qui ne fe contentant pas de lui faire un favorable accüeil partagea avec lui toute fa puiffance. Je croirois volontiers que ce fut fous le Regne de ces Princes que l'âge d'or parût fur la terre, fi de celebres Auteurs ne nous apprenoient qu'ils furent les premiers qui introduifirent l'ufage de la monnoye, en imprimant fur le metail certaines marques qui lui donnoient une valeur particuliere, & c'eft une chofe encore indécife de fçavoir fi cet art a été plus utile

*Hiff. nat.
lib. 33.
cap. 1.*

que pernicieux aux hommes. Pline charge de prefque tous les crimes du genre humain, celui qu'il accufe d'avoir le premier fait fabriquer des deniers d'or; Ovide en compare l'ufage à celui du fer émoulu, & dit qu'il eft encore plus dangereux.

*Iamque
nocens
ferrum,
Ferroque
nocentius
aurum.
Metam.
Lib. 1.*

*Quelque foit donc du fer le dangereux ufage,
   Celui qu'on fait de l'or l'eft fouvent d'a-
        vantage.*

Et Virgile déplorant le malheur du jeune Polydore s'écrie avec étonnement.

*Quid non
mortalia
pectora
cogis,
Auri fa-
cra fa-
mes?
Æneid.
lib. 3.*

*Avide faim de l'or qui ronge les humains,
De combien de forfaits as-tu foüillé leurs mains?*

Mais revenons à Janus, ce Prince cheri & refpecté de fes fujets, fut le premier

Roy que les peuples déifierent aprés sa mort, parce qu'ils n'avoient rien remarqué que de divin dans sa vie. Le commencement de toutes leurs prieres lui étoit adressé, persuadés que ce n'étoit que par lui qu'ils pouvoient avoir accés auprés des autres Dieux, & ils faisoient les premieres libations en son honneur, afin qu'il presentât pour eux le reste du Sacrifice aux Divinités qu'ils invoquoient. Enfin pour conserver plus facilement la memoire de cet illustre Bien-faicteur, ils mirent son image sur la monnoye, & le representerent ainsi.

Publica quem primum vota precesque vocant. Mart. Epig. Lib. 10.

Ut possent aditū ad quoscunque vellent habere Deus. Ovid. Fast. Lib. 1.

Ces deux têtes adossées forment naturellement un symbole de vigilance & de penetration. Caractere sans doute particulier de Janus, qui par la connoissance des choses passées, jugeoit parfaitement de celles qui devoient arriver, ce qui a fait dire agréablement à Ovide

A iiij

Jane biceps anni tacite labentis origo.
Solus de fuperis qui tua terga vides.
       Faft. Lib. 1.

On rend beaucoup d'autres raifons my-
fterieufes de cette double tête, & l'envie
que chacun a eu d'en donner de particulieres de fa façon, en a produit de tres-
ridicules. En effet je ne penfe pas que perfonne de bon fens s'imagine avec Rhabba-
nus, qu'on ait donné cette forme aux Statuës de Janus, parce que les hommes lui
adreffoient leurs prieres d'un côté, & les
femmes d'un autre. Ceux qui veulent tout
réduire aux idées naturelles, prétendent
que de ces deux têtes l'une eft celle de Janus, l'autre celle de Saturne que l'on a ainfi
adoffées & gravées fur les Medailles pour
être un monument éternel de l'étroite union
de ces deux Princes, qui regnoient enfem-
ble fur les mêmes peuples. Ce fentiment
tout ingenieux qu'il eft a fes difficultés, &
ç'en eft une tres-confiderable que d'expli-
quer fur le même principe l'emblême du Janus à quatre têtes qu'on trouve reprefenté
fur plufieurs monumens antiques. On dit
que ce fut à la prife de Falerie Ville de
Tofcane, que les Romains trouverent une
telle Statuë de Janus, qu'ils l'emporte-
rent, ou du moins qu'ils en firent faire une
femblable à Rome, où ils l'adorerent fous
cette forme, Augufte lui fit bâtir un Tem-

Servius
in Lib. 7.
Æneid.

ple magnifique, quarré dans sa figure, &
ayant une porte à chacune de ses faces :
On voit encore à Rome les precieux restes
de ce Temple, aussi-bien que de ces Statuës
à quatre têtes, auprés du pont qu'on a nommé pour cette raison *Di Quatro Capi*, &
qui s'appelloit anciennement le pont Fa-
brice. Enfin cette Medaille d'Hadrien est
une preuve sensible du culte que les Romains rendoient à Janus sous le nom de
Quadrifrons, & de la figure qu'ils lui donnoient.

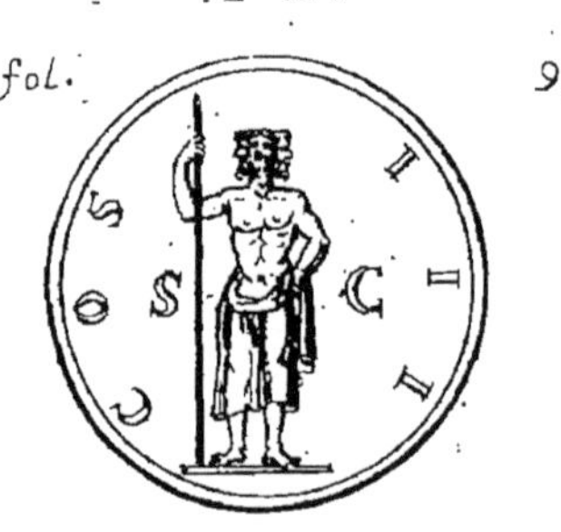

A qui attribuëra-t-on ces quatre têtes ?
ne dira-t-on point que ce sont celles de Janus, de Saturne, de Romulus & de Numa ? car il faut d'abord trouver dans ce
sistême quatre celebres personnages pour en
réünir au besoin les quatre têtes sur un
seul corps. N'y a-t il pas plus d'aparence,
& peut-être de verité, que Janus est ici le
symbole du monde entier, & que ses quatre
têtes marquent les quatre élemens qui le

compoſent ; s'il étoit sûr que les Anciens en euſſent connu, comme nous, les quatre parties, l'alluſion ſeroit plus brillante. Il n'eſt pas moins vrai-ſemblable qu'elles déſignent les quatre ſaiſons qui partagent l'année, & à laquelle Janus préſidoit chez les Romains ; auſſi on voyoit douze Autels dans le Temple de ce Dieu qui répondoient aux douze mois, & les doigts de ſa Statuë étoient diſpoſez de maniere qu'ils exprimoient le nombre de 355. qui étoit celui des jours dont Numa avoit compoſé l'année. D'ailleurs Comuſicius * aprés Ciceron * derive le nom de Janus du latin *Ire*, & de ſon gerondif *Eundo*, d'où l'on a formé *Ianus* comme qui diroit *Eanus*, & le mot *Annus* an, année, ne peut avoir d'autre étymologie.

Ainſi le Janus à quatre têtes repreſenté au revers d'Hadrien, exprime admirablement le bonheur de ſon Empire, cette félicité, *Felicitas ſæculi, felicitas temporum*, & *felicia tempora*, exprimée ſur d'autres Medailles par les genies ou figures ſymboliques des quatre ſaiſons.

Pouvoit-on confacrer à la memoire d'Hadrien un plus beau monument que celui-
ci, qui nous invite à chercher fon éloge
dans un paralelle glorieux avec Janus ? fuc-
cefleur d'un Prince belliqueux ; il fe conten- *Trajan.*
ta de joüir du fruit de fes conquêtes fans
fonger à les écendre ; il aima mieux gaigner
le cœur des Rois fes voifins que d'accroître
fon Empire de leurs dépoüilles, & fi fes armées ne fe rendirent pas fameufes par le gain
de plufieurs batailles, & la prife de plufieurs Villes, l'occafion feule leur man-
quât. Le Prince qui les tenoit toûjours en
haleine, & qui leur faifoit obferver une
exacte difcipline au milieu d'une paix pro-
fonde, pouvoit tout efperer de leurs efforts
dans les temps les plus difficiles. C'eft ce
que nous apprennent fes Medailles, où il
eft reprefenté à la tête de fes troupes, avec
cette infcription *Difciplina* ou *Difcipulina aug.*
Et c'eft peut-être par raport à cette obfervation de la difcipline militaire, au milieu
de la paix que le pacifique Janus tient ici
une pique à la main ; mais la difcipline ci-
vile n'occupa pas moins Hadrien ; il donna
pour ainfi dire une nouvelle forme à l'ordre des Senateurs, & à celui des Chevaliers
Romains ; il établit quatre perfonnages Con-
fulaires dans l'Italie pour y rendre la juftice ;
enfin il exerça luy-même, quoiqu'Empereur, la prêture dans l'Hétrurie, ce qui
n'eft pas indifferent à nôtre fujet, puifque

c'est precifément fur les peuples de cette
contrée que regna Janus, que ce furent eux
qui lui rendirent le premier culte, & qui
le peignirent à deux & à quatre vifages.

Si cette maniere de reprefenter Janus qui
devint fi familiere aux Romains, eft un
fymbole de vigilance & de pénétration , il
convenoit fans doute à Hadrien qui fe glo-
rifioit de poffeder au fuprême degré ces ta-
lens merveilleux, & fi on veut mêler tant
foit peu de critique à tant de loüanges, ce
fymbole couvroit affez honnêtement l'in-
quiétude & la défiance naturelle dont l'Hiftoire l'accufe , en difant qu'il avoit des
émiffaires de tous côtez pour épier les actions d'un chacun, & l'informer de tout.
C'eft ce qui empêcha Suetone de joüir long-
tems des faveurs fecretes de Sabine, quoi-
que fon emploi lui donna un accés dans la
maifon de l'Empereur, qui pouvoit bien ca-
cher leur intelligence. Spartien nous apprend qu'un jour ce Prince reprocha à un
homme des chofes fi particulieres , que celui-ci étonné lui répondit , *Quoi ma femme
vous a-t'elle écrit cela ?*

Remontons à l'origine Latine du nom
de Janus , que Ciceron derive du verbe *Ire*, aller, marcher, &c. *quod ab eundo
deductum eft, Janus quafi Eanus*, & nous trou-
verons dans cette étymologie quelque chofe qui convient particulierement à Hadrien,
& dont l'application ne fçauroit être plus

heureuſe. Je dois cette remarque à un ſça-
vant Jeſuite, dont il y a peu d'Antiquaires qui ne connoiſſent le merite & l'hon-
nêteté.

Le P. de
Grainvil-
le.

Le Janus qu'on voit au Revers d'Hadrien
la pique à la main, & prêt à marcher ,
nous avertit de ce que cet Empereur a fait
de plus beau & de plus ſingulier pendant
le temps de ſon Empire ; c'eſt d'en avoir
viſité lui-même toutes les parties & les Provinces les plus éloignées. Sur combien de
Medailles ne lit-on pas *Adventui aug. Africæ,*
Bithiniæ, Cappadociæ, Dalmatiæ, Galliæ, Hiſpaniæ,
Judææ, Mœſiæ , Pamphiliæ, Syriæ , Thraciæ, &c.
car j'en pourrois encore compter plus d'une
fois autant ? En parcourant tant de païs ,
il n'y en eut point à qui ſa preſence ne fut
utile ; il punit ſeverement les concuſſions &
les violences de ceux qui préſidoient dans
les Provinces ; il fit réparer les Temples
abatus, les Villes ruinées, & s'aſſura par
tout de la fidelité des peuples par le nombre de ſes bien-faits. De là viennent les
Titres pompeux qu'ils lui donnerent par
reconnoiſſance de *Reſtitutor Armeniæ, Britanniæ,*
Daciæ , Nicomediæ , Parthiæ, Sarmatiæ , &c. Et
enfin celui de *Reſtitutor* & de *Locupletator Orbis*
Terrarum.

Les voyages continuels d'Hadrien lui
firent donc bien meriter le nom d'*Eanus,* puis
qu'il alloit & marchoit toûjours. Cet exer-
cice étoit pour lui un divertiſſement , il fai-

ſoit des 20. milles par jour à pied & tête
nuë dans les ſaiſons les plus rudes, & les
climats les moins temperez : Florus qui n'é-
toit pas d'humeur à en faire autant, lui
écrivit à ce ſujet.

Ego nolo Cæſar eſſe,
Ambulare per Britannos,
Scythicas pati pruinas,

On ſçait la réponſe plaiſante que luy fit
l'Empereur, qui ſe piquoit d'exceller en
poëſie comme en toute autre choſe ; ce fut
dans l'année de ſon troiſiéme Conſulat qu'il
partit pour aller viſiter les Provinces de
l'Empire, & l'inſcription COS. III. qu'on
lit ſur le revers de ſa Medaille autour du
Janus, peut être regardée comme l'époque
de ces voyages celebres dans l'hiſtoire, quoi
que je ne veüille pas aſſurer qu'elle ait été
frapée dans ce tems-là, remarquant qu'Hadrien qui n'a été Conſul que trois fois, &
qui n'a exercé ſon troiſiéme Conſulat que
pendant quatre mois, a cependant pris la
qualité de COS. III. ſur la plus grande partie de ſes Medailles pendant tout le reſte de
ſon Empire, c'eſt-à-dire, pendant plus de
dix-neuf ans aprés avoir rempli cette dignité.
Ce ſeroit entrer dans une diſſertation étran-
gere, que d'examiner ici, ſi ce que nous pre-
nons pour un Janus à quatre têtes au re-

vers d'Hadrien n'eſt point le Géryon de la fable ; Il ſuffit pour le déterminer de ſçavoir ce qui donne lieu à ce ſentiment.

Géryon étoit Roy des Iſles de la côte d'Eſpagne que les Anciens nommoient Baleares & Ebuſe ; & qu'on appelle aujourd'hui Maïorque, Minorque, & Yvica ou Eviſſe. Ces trois Royaumes poſſedez par un ſeul Maître donnerent occaſion aux Poëtes de feindre que Géryon avoit trois têtes. Hercule informé de ſa tyrannie, & de la cruauté qu'il exerçoit envers les Etrangers qui abordoient dans ſes Etats, y alla pour le combattre, le vainquit, & emmena ſes troupeaux à Gadir Ville de la Bétique, qui eſt Cadix en Andalouſie, où ces peuples redevables à la valeur d'Hercule, lui dédierent un Temple ſous le nom d'Hercule Gaditain.

Hadrien né de parens originaires de ce pays-là affecta de prendre pour modele de ſes actions le Heros qu'on y reveroit, & reçût avec plaiſir le ſurnom d'Hercule Gaditain. On le voit repreſenté ſous ſa figure, avec le titre d'*Hercules Gaditanus*, au revers de cette Medaille d'or du Cabinet du Duc d'Arſchot. Il tient ſa maſſuë d'une main , & l'on prend ordinairement pour des Pommes du jardin des Heſpérides , ces trois eſpeces de petits globes qu'il tient de l'autre , & qui pourroient

bien être les trois têtes de Géryon qu'il
avoit abatuës.

Ceux qui veulent subſtituer le Géryon au
Janus *Quadrifrons*, tirent de là les preuves
de leur ſentiment. La quatriéme tête de Janus peut être cachée derriere les autres,
mais il eſt toûjours sûr, diſent-ils, qu'on
n'en diſtingue que trois à la figure qui eſt
au revers d'Hadrien : Ce ſeul aſpect pré-
vient en faveur de Géryon ; ſa défaite qui
fut l'exploit de l'Hercule Gaditain, & la
comparaiſon d'Hadrien avec ce Heros,
donnent un nouveau poids à la conjecture ;
Elle ſemble enfin confirmée en ce qu'on ne
trouve le Janus à quatre têtes au revers
d'aucun autre Empereur ; il n'en a que deux
au revers d'Antonin dont les ſpéculations
en auroient bien rempli quatre.

Rien n'eſt plus ordinaire que de trouver au
revers des Medailles du Janus à deux têtes,
un vaiſſeau, & quelquefois la prouë ou la
poupe

poupe feulement. Differences qui viennent
plûtôt de l'idée des Monetaires que d'aucune
autre raifon particuliere ; & ce type toûjours le même, à peu de chofe prés, a fait
croire à quelques-uns qu'il falloit ra por-
ter à Janus l'art de la navigation. L'opinion commune eft cependant que ce vaiffeau
marque feulement fon heureufe arrivée, ou
celle de Saturne en Italie, comme Ovide
l'affure expreffément par ces vers.

> *At bona pofteritas puppim formavit in ære,*
> *Hofpitis adventum teflificata Dei.*
> Faft. lib. 1.

Plutarque accoûtumé à moralifer fur
toute forte de fujets, en rend une raifon bien
differente ; il prétend que les Tofcans ont
été les premiers qui ayent marqué fur leurs
monnoyes un vaiffeau au revers de Janus,
en memoire des grains que ce Prince leur fit
venir en abondance de par delà les mers
dans un tems de difette : mais à prendre
ainfi les chofes dans un fens allegorique, il
n'eft perfonne qui ne fe faffe un fiftême fur
tout ce qu'il voudra.

Au refte je ne dois pas oublier celui de
quelques Modernes qui raffemblans toutes
ces circonftances, fe perfuadent que le Janus de la fable eft le même que le Noé de
l'Ecriture. Soûtenus de l'autorité de Vof-
fius, & de quelques autres, ils dérivent le

Des cho-
fes Ro-
maines
queft. 41.

B

mot Janus de l'Hebreu *Jain*, & même d
Grec ὄινος qui ſignifie vin, dont nous re-
connoiſſons que Noé a le premier trouvé
l'uſage. Les deux têtes qu'on donne à Janus conviennent parfaitement à Noé comme à un homme qui avoit vû le change-
ment le plus conſiderable qui ſoit jamais
arrivé au monde, & pour ainſi dire, deux
mondes differens, l'un avant, l'autre aprés
le déluge. Le vaiſſeau preſque toûjours gra-
vé au revers de Janus ſe peut aiſément rapor-
ter à l'Arche dans laquelle Noé, & toute ſa famille trouverent leur ſalut lorſque
les eaux du Ciel couvrirent la ſurface de
la terre.

Si cette opinion a des partiſans elle n'a
pas moins d'adverſaires ; les uns s'efforcent
de prouver par des raiſons chronologiques
que Noé étoit mort long-temps avant Janus ; d'autres objectent que le vaiſſeau gra-
vé à ſon revers n'a aucune reſſemblance à
l'Arche que Moïſe nous a décrite ; d'autres
enfin attaquent la prétenduë origine du mot
Janus tirée de l'Hebreu *Jain*, & du Grec
ὄινος ſignifiant vin ; ils remarquent d'abord
que cette étymologie n'eſt raportée par aucun Ancien ; d'ailleurs le vin, diſent-ils,
ſi recherché des hommes, & cultivé avec
tant de ſoin par ceux qui en ont l'uſage,
étoit (au raport de Denys d'Halicarnaſſe &
de Pline) extrêmement rare en Italie, ſous
le Regne d'Aſcagne, & ſous celui de Nu-

ma ; Ascagne cependant regnoit à Albe plus
de huit cens quatre-vingt ans aprés Janus,
& Numa regnoit plus de quatre cens cin-
quante ans aprés Ascagne. Cette étymologie n'est donc selon eux qu'une vaine sub-
tilité, & si Janus avoit planté & enseigné
l'art de cultiver la vigne, son fruit aprés
un si grand nombre d'années n'auroit pas
été si rare dans un païs qui lui est aussi
propre que l'Italie.

Pour moi je laisse à ceux dont les conjectures sont naturellement si ingenieuses,
la liberté de les faire valoir impunément.
Ce n'est pas que je doute que les Payens
ayent eu une entiere connoissance des li-
vres de Moïse, & qu'ils n'ayent souvent
puisé dans ces saintes veritez le sujet d'une
infinité de fables habilement déguisées sous
des circonstances & des noms inventez à
plaisir ; on reconnoît aisément ces sources
divines dans les ouvrages de Platon pour
la morale, & dans ceux d'Ovide pour
l'Histoire ; mais la tradition seule a suffi
pour leur conserver l'époque, & la verité
du Déluge, qui s'est pour ainsi dire long-
tems fait sentir par elle même, & que
les fils de Noé aprirent à leurs descendans
dans toutes les parties du monde : Nous
en avons une preuve bien authentique par
les Medailles frapées à Apamée Ville de
Syrie, sous les Empereurs Septime Severe,
& Philippe, où l'histoire du Déluge est

auffi artiftement reprefentée qu'on le puiffe
fouhaiter.

Il y a même une chofe finguliere fur celles
de Philippe , c'eft que les trois dernieres
lettres du mot ΑΠΑΜΕΩΝ s'y trouvent ren-
verfées , & forment celuy de ΝΩΕ ce que
peu de gens croiront être un effet du hazard. On ne peut rien ajoûter à la fça-
vante Differtation que M. Falconieri a faite
fur ce fujet.

De Num-
mo Apa-
menfi ad
P. Segui-
num.

Ceux qui veulent comme Peucer que Janus ne foit pas Noé, mais Javan fon petit
fils , fe reduifent auffi à l'analogie Javan,
Jaan, Jan & Janus qui n'eft pas fort dé-
cifive.

On voit peu d'infcriptions autour des
têtes de Janus, qui font fur nos Medailles : je dis peu , car il y en a quelques-
unes ; on lit, par exemple, fur une Con-
fulaire de la famille *Furia* le nom de *M.*

Fourius autour de la double tête de Janus.

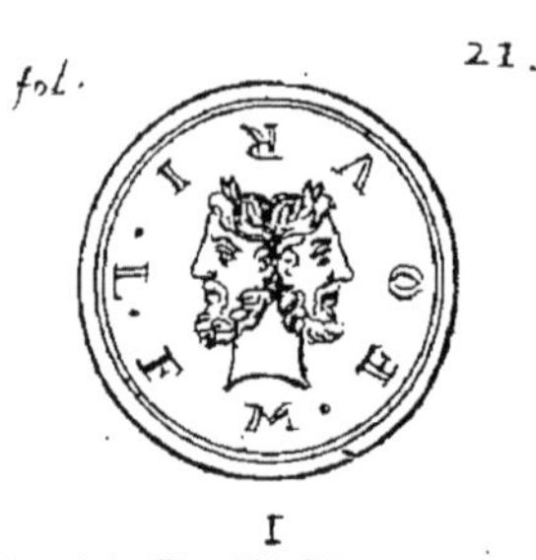

Et cela n'eſt pas plus ſurprenant que de
voir le même nom, ou celui d'une infinité
d'autres Magiſtrats autour des differentes
Divinités qu'ils ſe choiſiſſoient pour ſu-
pléer en quelque maniere à leur éffigie
même, qu'il ne leur étoit pas permis de mettre ſur la monnoye. Quelques Médailles de
la famille de Pompée, nous réprefentent auſſi
un Janus à deux têtes, & ſans barbe, avec ces
mots MAG, oú MAGNUS PIUS IMP,

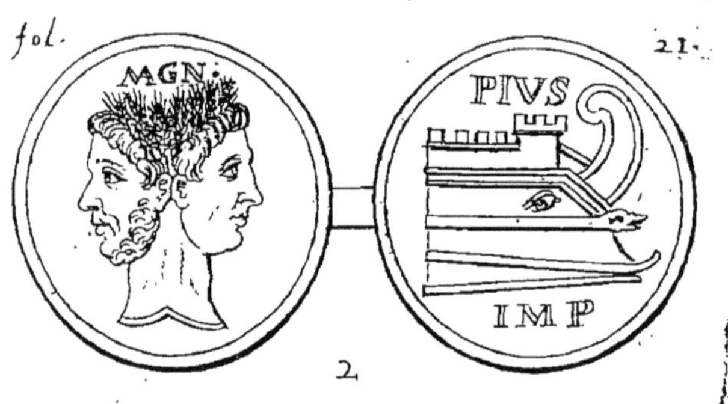

Il eſt vray que la plûpart des Antiquaires

croyent que ces têtes adoſſées ſont celles du grand Pompée & de Sextus ſon fils, mais la reſſemblance qui les détermine ne peut ſervir de regle ſur cette matiere, & elle n'au-toriſe point ceux qui ſous ce pretexte vou-droient attribuer indifferemment à des par-ticuliers les Janus ſans barbe qu'on trouve ſur tant de monumens.

Ne pouroit-on pas dire avec beaucoup plus d'apparence que ce ſont Diane & Apollon qu'on a repreſentez ſous cette fi-gure, où ils brillent par un air de jeuneſſe & de beauté qui leur eſt toûjours naturel?

Dianam tenera dicite virgines,
Intonſum pueri dicite Cynthium.
					Horat. od. 21. Lib. 3.

On ſçait d'ailleurs que preſque toutes les Nations, & les Romains en particulier, a-voient pour eux une veneration ſinguliere, comme pour des Dieux, dont le pouvoir & la protection leur paroiſſoient plus ſensibles : aussi voyons-nous qu'ils sont les premiers invoquez dans le Poëme qu'Horace fit pour être chanté lors des jeux séculaires qui furent celebrez sous Auguste.

Phœbe, sylvarumque potens Diana
  O lucidum cæli decus, &c

C'étoit peut-être aussi la seule Diane qu'on representoit ainsi comme une Divinité celeste, & infernale. J'ajoûte à cette refléxion que quelques anciens Grammairiens ont nommé Diane *Iana*, au lieu de *Diana*, & que Nigidius, cité par Macrobe, a tres-judicieusement remarqué à ce sujet que la lettre D. se met souvent devant la lettre I. pour donner plus de grace au mot, & en adoucir la prononciation ; ce qu'il confirme par l'exemple de ces mots Latins *Reditur, Redhibetur, Redintegratur* pour *Reitur, Rehibetur, Reitegratur*, & il ne seroit pas difficile d'en donner de semblables en nôtre langue *adjoindre, adjourner, adjoûter*, &c. Je trouve même dans l'Index de Reinesius une inscription qui commence par ces mots,

DIVÆ IANÆ DIVIANÆ.

M. Baudelot à qui l'Empire Numismatique est redevable d'une infinité de découvertes & d'heureuses conjectures, pense que cette double tête sans barbe se peut rapporter à la fameuse *Acca Laurentia* en

Utilité des Voiages. Fol. 639.

l'honneur de qui on celebroit à Rome des Fêtes appellées Laurentales, & ce qui rend sa conjecture auſſi vrai-ſemblable qu'elle eſt ſinguliere, eſt que la plûpart des Hiſtoriens diſtinguent deux femmes de ce nom, l'une nourrice de Romulus, l'autre celebre courtiſane, qui aprés avoir inſtitué le peuple Romain, heritier des biens immenſes qu'elle avoit acquis, diſparut au tombeau de la premiere. Je ſçai que tous les Auteurs n'admettent pas cette diſtinction, & qu'il en eſt, comme Macrobe, qui aſſurent que cette celebre proſtituée eſt la même qui ſervit de nourrice à Remus & à Romulus, ce qui donna lieu à la Fable de dire qu'ils avoient été nourris par une louve, mais un peu de fiction ſur ce fait-là devoit être du goût des Romains, & ils n'ont pas été les premiers qui ayent ainſi adoſſé des têtes naturelles par des raiſons particulieres ; on en trouve aſſez ſouvent ſur les Medaillés Grecques qui leur ont ſans doute ſervi de modele. Telle eſt la ſuivante de Tenedo, raportée par Goltzius & legerement expliquée par Nonius.

Tenez fils de Cygnus fit naître dans le cœur de sa belle mere une passion si vive, qu'elle n'oublia rien pour l'engager à la satisfaire ; mais désesperant d'y pouvoir réüssir, elle l'accusa auprés de son pere de l'avoir voulu séduire. Cygnus trop credule fit enfermer Tenez avec Hermitée sa sœur dans une espece de tonneau, & les fit jetter à la mer. Les Dieux protegerent leur innocence sur cet élement perfide qui les porta heureusement sur les côtes de l'Isle de Leucophrys: les habitans surpris & touchez d'un tel spectacle reçûrent ces étrangers avec beaucoup d'humanité & de respect. Tenez regna sur eux, & l'Isle changea son nom en celui de Tenedo : Il y fit rendre la justice avec tant de severité que le Juge assis sur son Tribunal avoit toûjours à ses côtez un Officier tenant une hache pour en fraper sur l'heure le criminel ou l'injuste accusateur ; mais la plus fameuse Loi que fit Tenez fut celle qui condamnoit les adulteres à perdre la tête. Legislateur malheureux en ce que son fils en fût le premier exemple !

Ce petit trait d'histoire raporté par Suidas, & quelques autres, a fait dire à Nonius que la double tête qu'on voit sur cette Medaille désigne celles des deux coupables, & que la hache qui est au revers est l'instrument de leur suplice. C'est la seule explication qu'on en ait donnée, & il paroît qu'elle a été universellement reçûë, puisque personne ne s'est hazardé de la refuter. Il s'en faut cependant beaucoup qu'elle ne soit aussi juste & naturelle, qu'elle est ingenieuse & brillante. En effet présumera-t'on que tandis que tous les autres peuples de la Grece mettoient sur leurs monnoyes l'image de leurs Divinitez, de leurs Heros, ou de leurs Princes, les seuls Tenediens y missent celles de leurs adulteres ? que tandis qu'ils marquoient leur horreur pour ce crime, qu'ils s'efforçoient de l'abolir par la punition qu'ils en faisoient, ils étalassent avec art l'objet de leurs coupables, & que ces malheureux fussent en quelque façon dedommagez de la rigueur de leur sort par la gloire inseparable de la durée des monumens qui les réprésentoient ? Je croirois plus volontiers que ces deux têtes adossées sont celles de Tenez même & d'Hermitée sa Sœur. Leur naissance, leur âge, leur amitié, la conformité de leurs malheurs, & de leur fortune, tout le persuade.

Du Cab. de M. Baudelot. Cette Medaille qui n'a pas encore été publiée en est peut-être une preuve.

Elle a aussi été frapée par les habitans de Tenedo comme nous l'aprend l'inscription ΤΕΝΕΔΙΩΝ Et on y voit comme dans la precedente deux têtes adossées, avec cette difference qu'elles y sont representées dans un âge beaucoup plus avancé qui fait distinguer sensiblement les deux sexes par l'un & l'autre visage. Elles sont ornées d'un diadême, ce qui m'empêche de douter qu'elles ne soient des têtes naturelles.

Je ne dissimuleray cependant pas, que l'ami à qui je dois la communication de ce monument, pense que l'une de ces deux têtes est celle de Jupiter, & l'autre celle d'une Amazone, qui du tems de leur Empire avoit regné ou fondé quelque ville dans cette Isle dont les habitans ont voulu dans la suite conserver la memoire par leurs monnoyes, comme ont fait ceux de Cumes, d'Ephese, de Smyrne, & de plusieurs autres villes de l'Asie qui tiroient leur nom & leur origine de ces illustres guerrieres. Il ajoûte que la hache à double tranchant que l'on voit au revers de cette Medaille confirme admirablement son opinion, parce que c'étoit une arme particuliere aux Amazones, & qu'on la trouve sur presque tous leurs monumens, dont M. Petit a fait une sçavante & curieuse recherche ; mais il n'est pas moins constant que les Grecs, les Romains, les Gaulois même se servoient d'une hache pour mettre à mort les criminels, ce

Bipennis.

que plusieurs Nations pratiquent encore aujourd'hui, & il étoit passé en proverbe chez les Grecs de dire Τένεδιος πέλεκυς *la hache de Tenedo*, pour exprimer un rigoureux suplice comme on disoit Τένεδιος ἄνθρωπος *Tenedius homo* en parlant d'un Juge severe & inflexible. La Cronique de Flandres remarque que le Comte Baudoüin portoit une hache dans ses étendarts, parce qu'il étoit grand justicier, & que de son tems on se servoit de hache pour couper la tête aux malfaicteurs : Il est vray qu'elle n'avoit qu'un tranchant. C'est ce que les Latins apelloient *Securis* ; telles étoient les haches qu'on portoit à Rome devant les premiers Magistrats, & qu'on apelle encore aujourd'hui *haches Consulaires* en termes de blason.

Cette digression, MONSEIGNEUR, où m'a engagé la Medaille de Tenedo, vous paroîtra peut-être d'autant plus supportable, que l'explication particuliere de toutes celles qui ont deux têtes adossées, entroit assez dans mon projet par raport à Janus, si mon empressement à vous l'offrir pendant le peu de sejour que vous avez fait ici, me l'eut permis. Je passe donc aux Medailles suivantes d'Auguste & de Neron, qui furent frapées dans le tems que ces Empereurs fermerent le Temple de Janus.

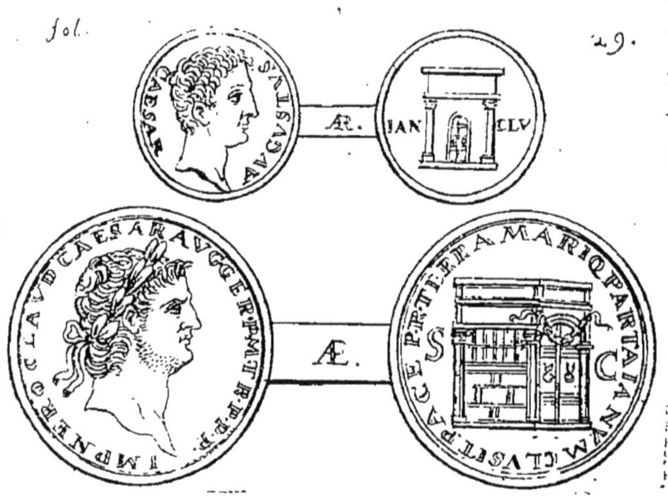

Une Loy de Numa ordonnoit que ce Temple fut ouvert pendant la guerre, & fermé pendant la paix. Macrobe parle ainſi de ce qui y donna lieu.

Lib. 1. Saturn.

Dans la guerre, dit-il, que firent les Sabins pour ſe vanger du raviſſement de leurs filles ; les Romains s'empreſſant de fermer la porte qui eſt au pied du Tertre Riminal, & qu'on a depuis apellée *Januale* ; elle ſe r'ouvroit d'elle même par trois fois, & comme on ne pouvoit venir à bout de la fermer ; une troupe armée ſe mit à la deffendre, mais elle l'abandonna bien-tôt ſur le bruit qui s'éleva que Tatius avoit vaincu les Romains. Pour lors les Sabins s'efforçans d'entrer par cette porte, on dit qu'un gros torrent d'eau boüillante ſortit du Temple de Janus, & que prenant ſon cours au travers des troupes ennemies, il en ſub-

,, mergea & confuma la plus grande partie,
,, De-là vint la coûtume d'ouvrir les portes
,, du Temple de ce Dieu en tems de guerre ;
,, comme s'il étoit toûjours prêt à donner du
,, fecours à la Ville.

Le Conful défigné pour commander l'armée Romaine, accompagné du Senat , & des principaux de la Ville ; alloit faire cette ouverture avant que de partir pour fe mettre à la tête des troupes. Virgile nous a décrit fon habillement dans cette fonction,

*Ipfe , Quirinali Trabeâ, cinctûque Gabino
Infignis , referat Stridentia limina Conful.*

Servius fur cet endroit du Septiéme livre de l'Eneide prétend que *Trabea Quirinalis* fignifie un habillement Roïal ; il s'efforce même de le prouver par un paffage qu'il cite d'un traité de Suetone *De genere veftium ;* dont nous avons fujet de regreter la perte avec cellé de beaucoup d'autres ouvrages du même Auteur qui ne font pas venus jufqu'à nous, & dont il ne nous refte que quelques anciennes citations ; mais il me paroît que les confequences qu'il en tire ne font pas juftes ; je fuis perfuadé que ceux qui prendront la peine de l'examiner feront du même fentiment, & qu'il en auront moins à croire que *Trabea Quirinalis* veut dire ici un habit militaire, car outre qu'il convenoit plus qu'aucun autre à

cette ceremonie ; Janus fut furnommé *Qui-*
rinus, comme qui diroit le Dieu des armées,
& cela du mot *Quiris* qui fignifioit chez
les Sabins une pique ou une javeline ; On
invoqua le Dieu Mars fous le même nom,
& Romulus ne le porta qu'à caufe de fes
exploits & de fon humeur guerriere.

Selon nôtre Poëte le Conful qui en cette
occafion étoit remarquable par l'habit militaire, ne l'étoit pas moins par la maniere
dont il en tenoit une partie paffée fous le
bras, s'en faifant une efpece de ceinture,
c'eft ce qu'il appelle *Cinctu Gabino*, *à la ma-*
niere des Gabiens. Parce qu'on dit qu'un jour
les habitans de Gabies Ville de la Campa-
gne de Rome, fur le chemin Prenefte, étant
occupez à facrifier à leurs Dieux, aperçû-
rent tout à coup leurs ennemis qui venoient
les attaquer. Dans cette extremité n'aïant
eu que le loifir de ceindre affez prompte-
ment leurs robes autour de leur corps pour
être plus en état de combatre ; ils marche-
rent à eux, & les défirent. Le bruit d'une
telle victoire fe répandit bien-tôt dans les
Contrées voifines, & les Romains crûrent
affurer un heureux préfage à leurs entre-
prifes en imitant cette pofture des Gabiens,
lorfqu'ils alloient donner les premiers in-
dices de la guerre par l'ouverture du Tem
ple de Janus.

Il eft étonnant que dans un efpace de plus
de fept cêns ans, c'eft-à-dire, depuis Nu-

ma jusqu'à Auguste ; ce Temple n'ait été fermé que deux fois, la premiere par Numa lui-même au commencement de son Regne ; la seconde par T. Manlius Torquatus, & son Collegue Q. Fulvius Flavus Consuls, aprés la premiere guerre Punique, & environ l'an cinq cens trente de Rome. Auguste lui seul ferma trois fois ce même Temple, sçavoir, sous son troisiéme Consulat, aprés la fameuse bataille d'Actium, où la victoire décida en sa faveur de l'Empire du monde ; ensuite aprés la défaite des Cantabres étant Consul pour la dixiéme fois ; & enfin aprés avoir dompté les Sicambres & les Suéves qui avoient voulu troubler la tranquilité de l'Empire. A ne consulter que les fastes, il semble qu'Auguste n'ait fermé que deux fois le Temple de Janus, & cela dans les deux premieres occasions que j'ai décrites ; mais les Historiens, & particulierement Suetone, font mention de la troisiéme, & Nonius aprés Juste Lipse, dit que c'est en ce dernier tems qu'est né le Sauveur du monde.

Le Proconsul Corbulon ayant vaincu dans plusieurs combats Tyridates Roy d'Armenie, le contraignit de traiter avec les Romains, & de recevoir le Diadême de la main de Neron. Cet Empereur qui étoit alors Consul pour la troisiéme fois, ferma le Temple de Janus, qui ne l'avoit pas été depuis Auguste, & il renouvella cette ce-

remonie

remonie au commencement de fon cin-
quiéme Confulat, fans que l'hiftoire en marque le fujet ; peut-être n'étoit-ce que par
oftentation.

Vefpafien à fon tour ayant remis les Juifs
revoltez fous l'obéïffance des Romains, ferma le Temple de Janus fous fon troifiéme
Confulat, comme nous l'aprenons de differens Auteurs, & fur tout d'Orofe : car les
Medailles de cet Empereur n'en difent rien.
Il fut plus foigneux d'y faire reprefenter le
Temple magnifique qu'il fit bâtir en l'honneur de la Déeffe de la paix aprés fa victoire.
Jofephe, Pline, Suetone & Dion en parlent
comme d'un chef-d'œuvre d'architecture, &
quoiqu'on n'en découvre qu'une façade fur
les Medailles, elles foûtiennent parfaitement bien l'idée que les Hiftoriens nous en
avoient donnée.

Mais ce Temple n'étoit pas moins celebre
par la dépoüille de celui de Jerufalem,
dont on l'avoit enrichi, & par le nombre

C

des Statuës anciennes dont Vespasien l'avoit
orné. Il servit dans la suite de lieu d'assem-
blée aux gens de Lettres, & il y a apparence qu'on y fit une Bibliotheque publique,
puisque c'est dans l'embrasement de ce
Temple, arrivé sous l'Empire de Commo-
de, que perit la plus grande partie des ouvrages de Galien, qu'on faisoit monter à
plus de deux cens volumes.

Je ne doute pas qu'à l'exemple d'Auguste,
de Neron, & de Vespasien, ceux qui leur
succederent, n'ayent ouvert & fermé le
Temple de Janus dans les occasions qui s'en
presenterent, quoiqu'ils n'en ayent laissé
aucune marque à la posterité. Jules Capitolin, dans la vie de Gordien-Pie, remarque
que cet Empereur ouvrit le Temple de Janus, avant que de marcher contre les Per-
ses à qui il avoit declaré la guerre.

Un celebre Auteur moderne croit que
cet usage ne fut aboli que sous les derniers
Empereurs, & qu'il subsistoit encore du
rems de Constance le jeune. Mais cette ceremonie profane est si opposée aux maximes
du Christianisme, dont les enfans de Con-
stantin faisoient profession, que je ne puis
adopter cette hardie conjecture, ni me rendre au foible argument qui lui sert de preuve. Il le tire d'Ammian Marcellin, qui au
seiziéme livre de son histoire, dit en parlant
de Constance, *Concluso Jani Templo stratisque
hostibus cunctis Romam gestiebat visere*, qu'il

Casaub.
in Suet.

comptoit d'aller à Rome, ayant fermé le
Temple de Janus, & vaincu tous ses ennemis.

Sans m'embarasser, s'il s'est glissé quelque faute dans cet endroit du texte de Marcellin, comme on l'a prétendu, sur la difference de certains manuscrits, ou si c'est
une ironie de l'Auteur à l'égard du Prince : Cette expression seule dans un écri-
vain payen, comme celui-ci, ne me paroît
pas suffisante pour décider un fait aussi
considerable ; ne s'en sert-on pas encore
aujourd'hui dans le stile figuré , sans qu'il
tire à aucune consequence? C'est ainsi que je
l'ay vûë employée dans un discours adressé
au Roy sur la derniere paix qu'il a donnée
à l'Europe, & s'il falloit absolument s'en
tenir à la lettre, que pourroit-on penser
dans un âge reculé de ce pieux Monarque,
en voyant sur un de ses jettons de l'année
1680. le Temple de Janus avec ces mots
autour, *J'en ai la clef?*

A plus forte raiſon, ſous les premiers Empereurs Chrétiens, comme Conſtance, le Prince ſe contentoit vrai-ſemblablement de ne rien faire contre ſa Religion, ſans avoir une attention ſcrupuleuſe aux marques exterieures du paganiſme, qu'on pouvoit mettre ſur ſes monumens. C'eſt ce qui diminuë ma ſurpriſe, lorſque je vois Anubis, divinité monſtrueuſe des Egyptiens au revers de cet Empereur, ſur une Medaille découverte depuis peu, & qui a fait ici quelque bruit parmi les Sçavans.

La délicateſſe de cette matiere m'écarteroit inſenſiblement de mon ſujet, & il me reſte à rendre raiſon des ſurnoms differens que les Romains donnerent à Janus; Je ne le ſçaurois mieux faire qu'en traduiſant ce qu'en a dit Macrobe au premier livre des Saturnales.

,, Nous invoquons, dit-il, Janus, ſous le nom ,, de *Geminus*, ſous celui de *Pater*, de *Junonius*, de ,, *Conſivius*, de *Quirinus*, de *Patulcius*, & de *Cluſius*. On l'apelle *Geminus*, pour marquer que ,, c'eſt par lui que nous avons accez auprés des ,, autres Dieux, tant celeſtes qu'infernaux. ,, On l'appelle *Pater*, comme s'il étoit le pere ,, des Dieux, parce que c'eſt lui qui leur a ,, rendu ou fait rendre le premier culte, on ,, lui a donné le nom de *Junonius*, parce ,, qu'il preſide au commencement de tous ,, les mois, & que les Calendes ſont ſous la ,, protection de Junon. Le ſurnom de *Conſi-*

vius vient du Latin *Conſerere,* ſemer ; Janus "
étant regardé comme le reparateur du gen- "
re humain. On l'invoque ſous le nom de "
Quirinus, lorſqu'on le prend pour le Dieu "
des armées, & cela du mot *Quiris,* qui par- "
mi les Sabins ſignifie une pique. On l'apelle "
enfin *Patulcius* & *Cluſius,* parce que ſon Tem- "
ple eſt ouvert pendant la guerre, & qu'il "
eſt fermé durant la paix. "

Ovide ſe jouë de ces ſurnoms differens
& oppoſez lorſqu'il dit :

> *Nomina ridebis modo namque Patulcius idem,*
> *Et modo ſacrifico Cluſius ore vocor*
>
> Faſt. lib. 1.

Je trouve une inſcription antique dans
le recüeil de Reinhéſius, qui nous apprend
que Junon fut auſſi appellée *Patulcia.* Cette
inſcription commence par ces mots :
JVNONI PATVLCIÆ.
Et l'Auteur qui en a voulu rendre raiſon
dans ſon Commentaire, penſe tres-ingé-
nieuſement que c'eſt à Junon Lucine qu'-
appartient cette epithéte, parce qu'elle étoit
cenſée ouvrir la porte du jour aux enfans
qui venoient au monde. Ceux qui ont oüi
parler des autres noms que les femmes donnerent à leur Junon, comme de celui de
Fluonia, n'auront pas beaucoup de peine à
entrer dans cette explication. On peut cependant dire, que Junon préſidant aux Ca-

lendes, ou premiers jours de chaque mois,
elle, sembloit en faire l'ouverture, & pouvoit en ce sens être appellée *Patulcia*, avec
d'autant plus de vray-semblance, que nôtre Janus Patulcius fut aussi surnommé *Junonius*, parce qu'il présidoit, comme nous
venons de le voir dans Macrobe, aux mêmes jours que Junon.

Au reste, toutes ces dénominations font
assez voir que les Romains avoient peu de
divinitez, dont le pouvoir fût d'une plus
grande étenduë que celui de Janus ; aussi
la plûpart des Carrefours étoient ornez de
cer Statuës. On en voyoit trois dans la seule Place Romaine, & c'est auprés de celle
du milieu que s'assembloient les Banquiers,
& ceux qui donnoient ou qui prenoient de
l'argent à usure. Horace fait dire à un homme, que ce mêtier avoit ruiné

Omnis res mea Janum
ad medium fracta est.

Sat. 3. lib 2.

Il est vrai que tous les Commentateurs
de ce Poëte, excepté Acron, prétendent
que Janus n'est pas icy une Statuë, mais
une arcade ou un portique qu'on appelloit
à Rome des Janus, qu'il y avoit une de
ces arcades à chaque bout de la ruë Tosca-
ne, qui étoit la ruë des Marchands & des
Banquiers, & qu'ainsi *Janum ad medium*, si-

gnifie le milieu de cette ruë. Monfieur Da-
cier qui eft de ce fentiment, croit la chofe
decidée par un endroit de P. Victor dans fa
defcription du 8. Quartier de la Ville & de
la Place Romaine, où font mis par cet Auteur, *Jani duo, celebris mercatorum locus*, d'où il
conclut que *Janus medius*, doit être l'efpace
d'entre-deux. Ciceron, Tite-Live, & Suetone me paroiffent plus décififs en cette occafion. Le premier aprés avoir dérivé le mot
Janus du verbe *ire*, *aller*, *marcher*, & de fon
gerondif *eundo*, ajoûte que c'eft pour cela qu'on appelle des Janus ces arcs, & ces
portiques fous lefquels on paffe & repaffe fi
fouvent. Tite-Live compte plufieurs de ces
Janus en Portiques parmi les ouvrages pu-
blics que fit faire le Cenfeur Q. Ful. Flac-
cus; & Suetone dans la Vie de Domitien
dit que cet Empereur en fit élever à Rome un fi grand nombre, qu'on écrivit ma-
lignement fur l'un d'eux : *C'en eft affez.*

Lorfque Numa ajoûta deux mois au Ca-
lendrier de Romulus, il nomma celui de
Janvier *Januarius* en l'honneur de Janus, & le
premier jour de ce mois, qui femble regarder
également l'année qui s'eft écoulée, & celle qui commence, lui fut particulierement
confacré. Aprés avoir brûlé de l'encens fur
fon autel, & fait des libations de vin en
fon honneur, on lui offroit un gâteau falé,
fait avec de la farine nouvelle, & ce facrifice s'appelloit *Janual.* Ovide nous apprend

qu'on mettoit auſſi ce jour-là une nouvelle couronne de lauriers ſur toutes ces Statuës.

> *Laurea flaminibus, toto quæ perſtitit anno*
> *Tollitur, & frondes ſunt in honore novæ.*
> Faſt. lib. 3.

Ce paſſage me fait remarquer que Janus tel qu'on le voit ſur les medailles antiques, particulierement les Romaines, eſt preſque toûjours repreſenté couronné de lauriers, & cette ſolemnité annuelle que décrit Ovide en eſt peut-être la principale raiſon. Un autre Poëte a fait alluſion à cette coûtume, lorſque parlant de Tite Veſpaſien, il a dit que Janus avoit changé trois fois de couronne ſous ſon Empire pour en marquer la durée.

> *Ter Dominante Tito cingit nova laurea Janum.*
> Auſon. in Cæſarib.

Les Calendes de Janvier étoient celebres d'ailleurs par des ceremonies que je paſſe ſous ſilence ; parce qu'elles n'ont aucun rapport avec Janus ; je dois ſeulement remarquer que les nouveaux Conſuls prenoient ordinairement ce jour-là poſſeſſion de leurs Charges dans le temple de ce Dieu, ce qui a fait dire qu'ils ouvroient l'année.

> *Annum pande novum Conſul vetus*
> Sidon Apollin. Carm. 1.

Je n'oferois pas affûrer que les Empereurs
Romains à leur avenement à l'Empire, pra-
tiquaffent la même chofe, quoy qu'on trouve dans Xiphilin qu'aprés la mort de Pertinax, Didius Julianus ayant été élû par le
fuffrage des Cohortes Prétoriennes, & que
le peuple défaprouvant ce choix, dés qu'il
l'eut appris, l'appella Ufurpateur & Par-
ricide, lorfqu'il alloit facrifier à Janus.

M. Vaillant a fait cette obfervation en
rapportant une medaille de Pertinax avec
cette Legende fur le revers : J A N O
C O N S E R V A T O R I, autour d'une
figure de Janus à deux têtes debout, qu'il
croit avoir été frapée à l'occafion d'un femblable facrifice ; mais une medaille fi finguliere dont on ne trouve d'exemple dans
celles d'aucun autre Empereur, pouvoit
bien faire foupçonner à ce fçavant Antì-
quaire qu'elle avoit été frapée par une raifon toute particuliere, & non pas pour un
facrifice ordinaire : Je penfe l'avoir trouvée
dans la vie de Pertinax même, écrite par
Jules Capitolin, où cet Auteur marquant
l'âge de Pertinax, & le tems auquel il fut
élevé à l'Empire, dit que ce fut le premier
jour de Janvier ; & qu'il avoit pour lors plus
de foixante ans. Dans cette circonftance
s'évanoüit tout le myftere, les confequences en naiffent naturellement, & fe font
fentir au premier abord. Un Empereur élû
dans un jour entierement confacré à Janus,

ne pouvoit demander avec plus de confianc
à aucun autre Dieu la conservation de s
personne & de sa dignité, qu'à celui, sous
les auspices duquel il venoit d'en estre re-
vêtu.

Outre les Sacrifices qu'on faisoit à Janus
le premier jour de Janvier; on lui en offroit encore le neuviéme du même mois; &
on celebroit en son honneur des Fêtes que
les Latins nommerent *Agonalia*. Plusieurs
Auteurs ont voulu rendre raison de ce sur-
nom, & il en est peu qui soient du même sen-
timent; les uns veulent qu'elles ayent été
ainsi apellées d'une formule assez usitée dans
les Sacrifices, où le Victimaire avant de
fraper la Victime, en demandoit l'ordre au
Sacrificateur par ce mot *Agon'* qui se pronon-
çoit ainsi pour *Agone? Ferione?* ou *Agamne?*
fraperay-je? D'autres ont crû que les Romains reconnoissant un Dieu *Agonius* qui
présidoit à toutes les actions, il en falloit
dériver le mot *Agonalia*, outre qu'on dit
Agere Victimam conduire une victime à l'Autel, & que ceux qui étoient chargez de ce
soin s'apelloient *Agones*; il en est qui pour
former une étymologie plus simple, disent
qu'*Agonalia* est pris ici pour *Agnalia*, parce
que les agneaux étoient les victimes les plus
ordinaires, quoiqu'on n'immolât que des
béliers à Janus le jour des Agonales. Comme
ces Sacrifices se faisoient sur le mont *Quiri-
nal*, qui s'appelloit *Agonius*, on a dit aussi

qu'ils en avoient tiré le nom d'*Agonalia* , ou enfin parce qu'ils étoient fuivis de jeux & de combats que les Grecs nomment ἀγὼν Seroit-ce en ce fens que nous apellons *Agonie* ces derniers & vains efforts de la nature dans une maladie mortelle ?

Si d'un côté nous fommes à plaindre de l'incertitude, où nous laiffent tant d'opinions differentes , nous avons d'ailleurs dequoi nous confoler , puis qu'Ovide qui avoit aprofondi la matiere , & qui étoit de dix - fept Siécles , moins éloigné que nous de l'inftitution de ces Fêtes par Numa , ne paroît pas moins embaraffé au milieu de tant de fentimens qu'il raporte , prefque tous à peu prés dans le même ordre que je viens de faire. Les Medailles qui fervent fi fouvent à réfoudre des difficultez de Grammaire , de Chronologie & d'Hiftoire , ne s'intereffent point dans cette difpute ; & je n'en fçache aucune qui puiffe nous engager à y prendre parti ; ainfi chacun felon fon goût pourra regler le fort de toutes ces opinions.

Vous en êtes cependant l'Arbitre legitime, Vous, MONSEIGNEUR, à qui les routes difficiles de l'Antiquité font parfaitement connuës. Ne peut-on pas dire que dans ce genre d'érudition , vous n'êtes pas moins diftingué entre les Sçavans par vos lumieres , que vous l'êtes entre les Curieux , par le nombre & le choix des monumens que vous avez rassemblez ?

Ces précieux restes ne sont pas entre vos mains un dépôt inutile ; toûjous prêt à les communiquer, vôtre Cabinet fournit chaque jour de nouveaux sujets à nôtre instruction. Que ne sera-ce point, Mo n-s e i g n e u r, lorsque vôtre amour pour la Republique des Lettres consacrera à son utilité l'explication de tant de morceaux uniques & singuliers, dont vous meritez si bien d'être le possesseur ?

Mais si vous excellez parmi les Sçavans, de quelle maniere ne brillez-vous point dans le sanctuaire de la Justice ? Elle-même a parlé pour vous, & le Prince attentif à sa voix, vient de vous donner le rang qu'elle vous destinoit. Que n'a-t-elle encore quelque chose de plus grand, pour un genie aussi élevé que le vôtre ? Je suis avec un profond respect,

MONSEIGNEUR,

Vôtre tres.humble & tres-obéïssant serviteur,
GROS DEBOZE

Permis d'imprimer le 15. Octobre. 1074
M. R. DE VOYE' D' ARGENSON.

www.ingramcontent.com/pod-product-compliance
Ingram Content Group UK Ltd.
Pitfield, Milton Keynes, MK11 3LW, UK
UKHW021640090726
13657UKWH00004B/1671